우리 집 쓰레기통 좀 말려 줘

우리 집 쓰레기통 좀 말려 줘

글 태미라 | 그림 강경수

위즈덤하우스

차례

1 변사또, 왔노라! 보았노라! 주웠노라!   8
- 지도에도 없는 섬, 플라스틱 아일랜드

2 인생 최대의 미스터리 사건   16
- 세계 최초의 쓰레기통
- 착한 쓰레기가 지구를 살려요

3 사리라 여사의 치맛바람   26
- 바다 동물들은 비닐봉지가 무섭대
- 비닐봉지를 줄이기 위한 각국의 노력

4 화장지 도둑은 바로 너!   36
- 새하얀 화장지 속 새까만 비밀

5 종이 한 장 차이   44
- 필요 없는 광고 우편물 처리법
- 4월 4일은 종이 안 쓰는 날
- 나만의 특별한 재생 종이 만들기

6 하루살이가 부럽다고? 54

- 나무젓가락이 모래바람을 몰고 온다?
- 우리나라 사람들이 가장 많이 사용하는 일회용품

7 고릴라야 미안해 62

- 휴대전화, 게임기는 고릴라를 화나게 해
- 전자 폐기물 법을 만든 11살 소년
- 전자 폐기물 법이란?

8 세 남자의 기막힌 하루 72

- 코끼리 똥 전기를 아시나요?

9 뭉치면 잘살고, 흩어지면 돈 들고 80

- 공유 경제, 그만 사자! 함께 쓰자!
- 국내외 공유 기업 및 사이트

작가의 말 | 쓰레기를 조금 줄이면 지구가 건강해져요 90

이 책에 나오는 인물들

사리라

변사또의 엄마. 한번 사겠다고 마음먹은 것은 기필코 사고야 마는 쇼핑 마니아. 하지만 품질, 성능 등을 꼼꼼히 따진 다음, 깎고 또 깎는 알뜰 아줌마.

변두리

변사또의 아빠. 주변 지식이 풍부해 다방면에 모르는 것이 없으나, 수박 겉핥기 식으로 알고 있어 조금만 전문적으로 물어보면 궤변을 늘어놓거나 우물쭈물하기 일쑤다.

미스터 통

세상을 굴러 굴러 지구를 열세 바퀴쯤 굴러다녔다는 국적 불명의 쓰레기통. 사또네 가족에게 전 세계에서 주워들은 알찬 환경 정보들을 소개해 준다.

변사또

원래 이름은 변사도. 정의의 사도가 되라는 뜻으로 지어진 이름이나 '변사또'로 불린다. 평소 노는 것에만 관심 있던 사또, 어느 날 갑자기 환경의 사도로 대변신!

이보나

변사또가 좋아하는 여자아이. 수영과 산악용 자전거 타기를 좋아하는 만능 스포츠 소녀이며, 해외 자원 봉사도 다닌다.

동욱

옆집 세 살배기 아기.

1 변사또, 왔노라! 보았노라! 주웠노라!

오랜만에 아빠와 축구 경기를 보러 온 변사도! '변사도'는 별난 이름으로 인해 '변사또'라는 별명을 지녀 축구장에서까지 관중들의 시선을 한 몸에 받았다. 이런 상황에 익숙한 변사또 부자는 크게 개의치 않고, 상대 팀에 밀릴세라 가방 한가득 준비해 간 각종 응원 도구를 총동원해 불꽃 튀는 응원전을 펼쳤다. 전반 7분 만에 응원하는 팀 선수가 첫 골을 터트리자 옆 사람, 앞사람 할 것 없이 얼싸안고 기쁨의 눈물을 흘렸다.

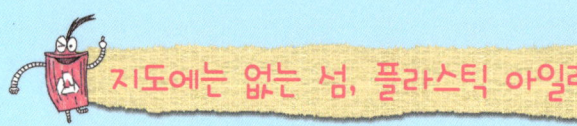
지도에는 없는 섬, 플라스틱 아일랜드

쯧쯧. 쓰레기가 산을 이루다 못해 오죽하면 쓰레기 섬을 만들었겠수?

네? 쓰레기 섬이요?

육지에서 버려지는 쓰레기가 넘치고 넘쳐 바다로 흘러들어 가 거대한 섬을 이루고 있다잖우. 1997년 미국인 요트 항해사 찰스 무어가 요트 경주 대회에 참가했다가 항로를 잘못 들어 표류하다 태평양에서 거대한 섬을 처음 발견했대요. 지도에도 나와 있지 않은 섬, 가까이 가 보니 그건 바로 '쓰레기 섬'이었다지.

콜럼버스는 신대륙을 발견하고, 찰스 무어는 쓰레기 섬을 발견했군.

🗑 쓰레기 섬

이 쓰레기 섬은 태평양 동쪽과 서쪽으로 나누어 있는데, 서쪽 쓰레기 섬은 발견 당시 미국 텍사스 주의 2배 정도 동쪽 쓰레기 섬은 남한의 7배 정도 크기였다.

이 쓰레기 섬을 '태평양 대쓰레기장(Great pacific garbage patch)'이라고 부르는데, 이건 지금까지 인류가 만든 인공물 중에서 가장 큰 것이래요.

2 인생 최대의 미스터리 사건

제자리, 준비, 땅!
오늘 아침도 변사또는 달렸다. 여느 날과 다름없이 입에는 빵 조각을 문 채, 옷도 걸치는 둥 마는 둥 하고 학교를 향해 내달렸다.
'다신 지각하지 않겠노라 약속한 지 3일도 채 되지 않아 또 지각이라니! 설마 벌써 1교시 시작종이 울린 건 아니겠지? 담임 선생님이 노려보며 교실 뒤에 서 있으라고 할 텐데. 아니지, 학교 끝나고 남아서 반성문 30장쯤 쓰라고 할지도 몰라. 맞다! 이번에 또 지각하면 엄마 모시고 오라고 했는데……. 윽, 망했다! 망했어!'
학교가 가까워질수록 사또의 머릿속은 오만 가지 생각들로 뒤죽박죽 뒤엉켰다.

변사또는 말 그대로 눈 떠 보니 스타가 되어 있었다. 어젯밤 늦도록 축구장에서 쓰레기를 줍던 사또의 모습을 누군가 동영상으로 찍어 '축구장 쓰줍소'라는 제목으로 인터넷에 올린 것이었다. '축구장 쓰줍소' 동영상은 순식간에 인터넷 실시간 검색어 1위를 차지하며 전국을 달궜다. 졸지에 '대한민국 대표 선행 소년'이 된 변사또, 쓰레기와의 운명적인 인연은 이렇게 시작되었다.

그래서 오늘도 사또는 땅만 뚫어져라 보고 다닌다. 스타이다 보니 남들이 알아보고 사인해 달라고 조를까 봐? 천만에! 그럼 왜? 바로 쓰레기를 주워야 하니까!

온 국민의 스타가 된 이후 사또는 혹시 파파라치들에게 걸리기라도 하면 어쩌나 조마조마해 껌 종이 하나 무심코 버릴 수가 없었다. 시도 때도 없이 쓰레기를 줍는 진정한 '쓰줍소'가 되어야만 했다.

사또의 그런 속사정을 알 리 없는 주변 사람들은 입이 마르게 사또를 칭찬했다. 칭찬은 고래를 춤추게 하고, 사또를 더욱더 열심히 쓰레기 줍게 했다.

쓰레기 전용 가방, 일명 '망태기'까지 제작한 사또에게 또 다른 고민이 생겼다.

이 쓰레기들을 어떡하지?

닥치는 대로 줍다 보니 쓰레기는 점점 많아지는데 정작 어떻게 처리해야 할지 막막했다.

아하! 그래, 거기!

궁리 끝에 번뜩 떠오른 곳이 있었으니, 바로 동네 뒷산 후미진 곳. 그곳은 언젠가부터 동네 사람들이 가기를 꺼리는 곳이었다. 이미 누군가 버린 물건들로 지저분해진 그곳에서 이상한 생물체가 나타난다는 괴소문이 돌았기 때문이다.

　적을 알고 나를 알면 백전백승하는 법! 사또는 일단 미스터 통의 미스터리를 파헤치기 위해 미스터 통과 함께 살기로 결심했다.
　환경에는 눈곱만큼도 관심이 없던 사또가 전국을 뒤흔든 '쓰줍소'가 될 줄이야! 또 산속에서 쓰레기통처럼 생긴 미스터 통을 만나게 될 줄이야! 이것은 변사또 인생 최대의 미스터리 사건이 아닐 수 없었다.

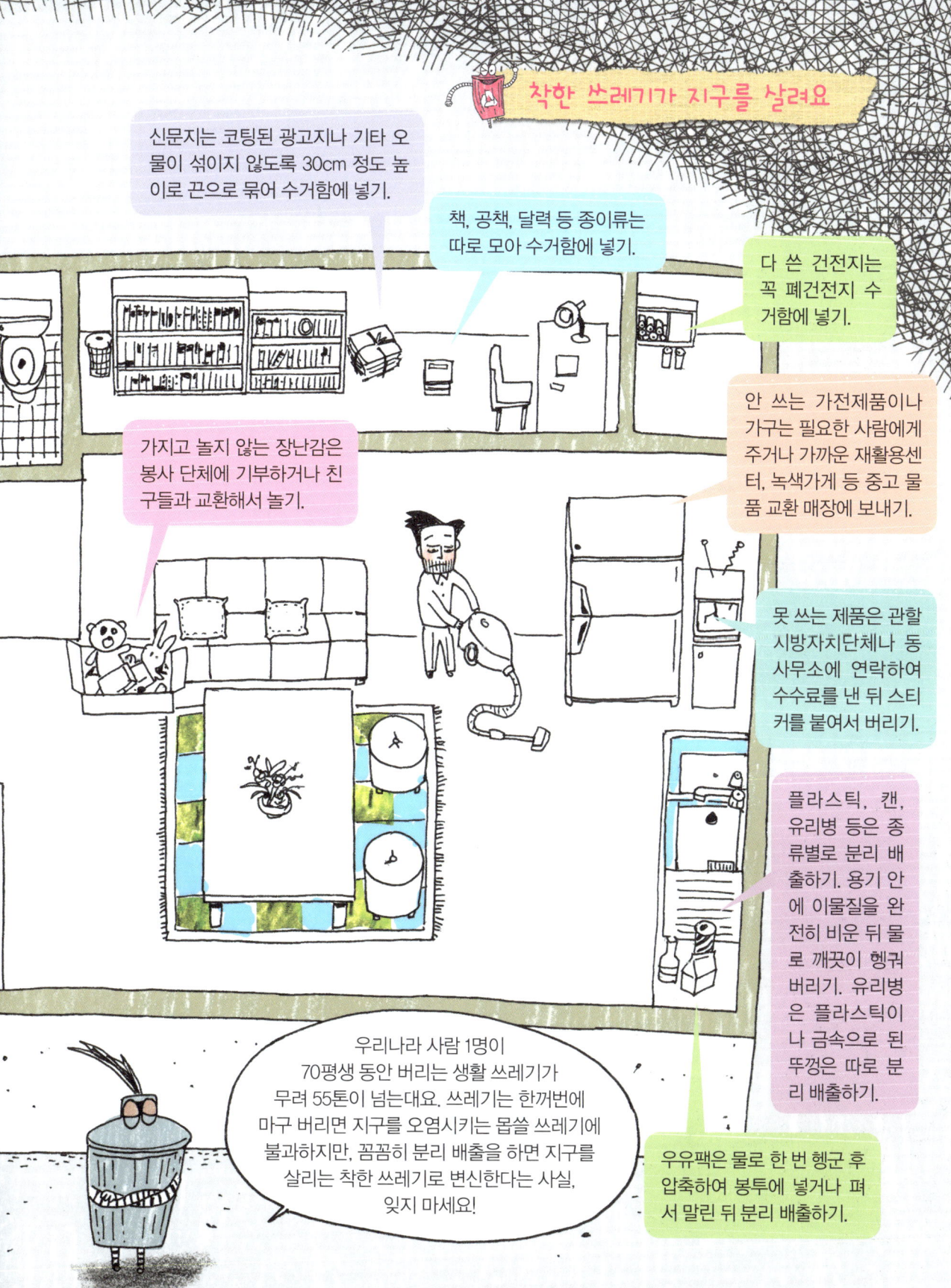

3 사리라 여사의 치맛바람

"보글보글 청국장찌개 어때? 시골서 직접 만든 청국장인데 맛이 아주 좋아!"

사또 엄마, 사리라 여사가 치맛바람을 휘날리며 시장 입구에 들어서자 가게 아주머니들은 잽싸게 비닐봉지를 꺼내 들었다. 금세라도 물건을 담을 태세였다.

평소 알뜰살뜰하기로 소문난 사또 엄마, 사리라 여사! 소비의 유혹이 넘치는 대형 마트보다 덤과 정이 넘치는 동네 재래시장을 애용하다 보니 이곳에선 단연 VIP 손님으로 통했다. 그리고 그 VIP 손님을 모시고 다니며 짐꾼 노릇을 하는 것은 단연 변사또의 몫이었다.

사또 엄마! 오늘은 뭐 사러 온겨? 대파?

엄마는 아직도 여기저기 뭐 싸게 살 거 없나 혈안이 되어 살펴보고 있었다. 사또는 이미 온몸에 주렁주렁 장본 비닐봉지들을 한 아름 들고, 달고 낑낑거렸다.

사리라 여사의 주도 아래 긴급 가족회의가 열렸다. 회의 주제는 '비닐봉지 사용을 줄일 번뜩이는 아이디어를 찾아라!' 온 가족이 머리를 맞대고 밤새 회의를 거듭한 결과 셋은 좀비 저리 가라의 몰골이었지만, 마음만은 벅차올랐다.

다음 날부터 맡은 바 임무를 완수하기 위해 셋은 각자 위치로 흩어졌다. 사리라 여사는 창고에 처박아 두었던 재봉틀 앞으로, 변두리 씨는 전화기와 컴퓨터 앞으로, 변사또는 만물 공구 상자 앞으로!

헌 옷이나 자투리 천, 버려진 현수막 천으로 직접 장바구니를 만드는 거야. 집 안 여기저기 잘 보이는 곳에 걸어 두면 외출할 때 잊지 않고 가져갈 수 있지. 세상에 하나뿐인 장바구니는 선물용으로도 굿! 이게 바로 장바구니 치맛바람이라고!

여보세요? 저는 선량한 40대 남자인데요, 비닐 포장지를 재활용 포장지로 바꿔 주세요!

여기저기 직접 전화를 돌리던 변두리 씨는 제품 홈페이지에 들어가 '고객의 소리'에 과대 포장 줄여 달라는 글을 올리기도 했다.

4 화장지 도둑은 바로 너!

"윽, 신호다!"
엄마 아빠도 아직 일어나지 않은 꼭두새벽, 변사또를 발딱 일어나게 한 것은 자명종도, 엄마의 잔소리도 아닌, '뱃속 신호'였다.
'뿌륵 뿌그륵 뿌그르륵!'
사또는 엉거주춤 잠옷 바지를 부여잡은 채 어기적어기적 화장실로 향했다.
막상 변기에 앉자, 갖은 노력에도 불구하고 배만 아플 뿐 그 녀석은 좀처럼 모습을 드러내지 않았다.
"으~~~ 이놈의 변비! 이게 다 축구장 쓰줍소가 된 것 때문이야. 끙! 이래서 스타는 괴로워. 스타가 되니까 스트레스가 끙! 이만저만이 아니야! 그러니 오죽하면 없던 변비가 끙! 다 생겼겠어. 아무리 생각해도 스타와 변비는 끙! 떼려야 뗄 수 없는 숙명적인 관계가 분명해. 끙! 그럼 혹시 아이돌그룹 '소년시대' 형님들도 단체로 변비? 푸하하하! 끄응!"

30분 넘게 이런 말도 안 되는 온갖 넋두리를 늘어놓고서야 사또는 변을 볼 수 있었다. 목욕탕에서 묵은 때를 쫘악 밀고 나온 것처럼 뱃속이 후련해진 사또는 콧노래를 부르며 손을 뻗었다.

그런데…… 화장지가 없었다.

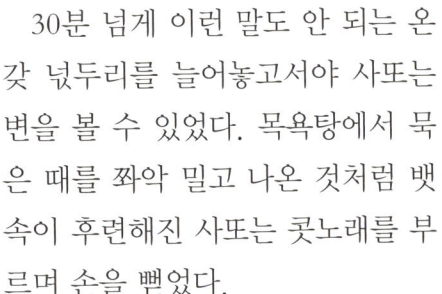

벽면 화장지 걸이에는 화장지 심만 덜렁 남아 있었다.

저녁이 되자, 사리라 여사는 아빠와 사또를 거실로 불렀다. 사리라 여사는 한 손에는 수첩을, 한 손에는 펜을 들고 자못 심각한 표정으로 조사 결과를 발표했다.

변두리 씨와 사리라 여사는 아련한 옛 기억을 방울방울 떠올려 보았다.

어렸을 적 추운 겨울에도 화장지보다 걸레와 행주를 더 열심히 빨아 쓰던 사리라 여사네 집. 초등학교 1학년 입학식 날 엄마가 가슴에 달아 준 손수건으로 코를 훔치던 변두리 씨.

화장지가 귀했던 그 시절, 그땐 그랬는데…….

엄마, 아빠의 말에 사또는 별안간 제 무릎을 탁 쳤다.

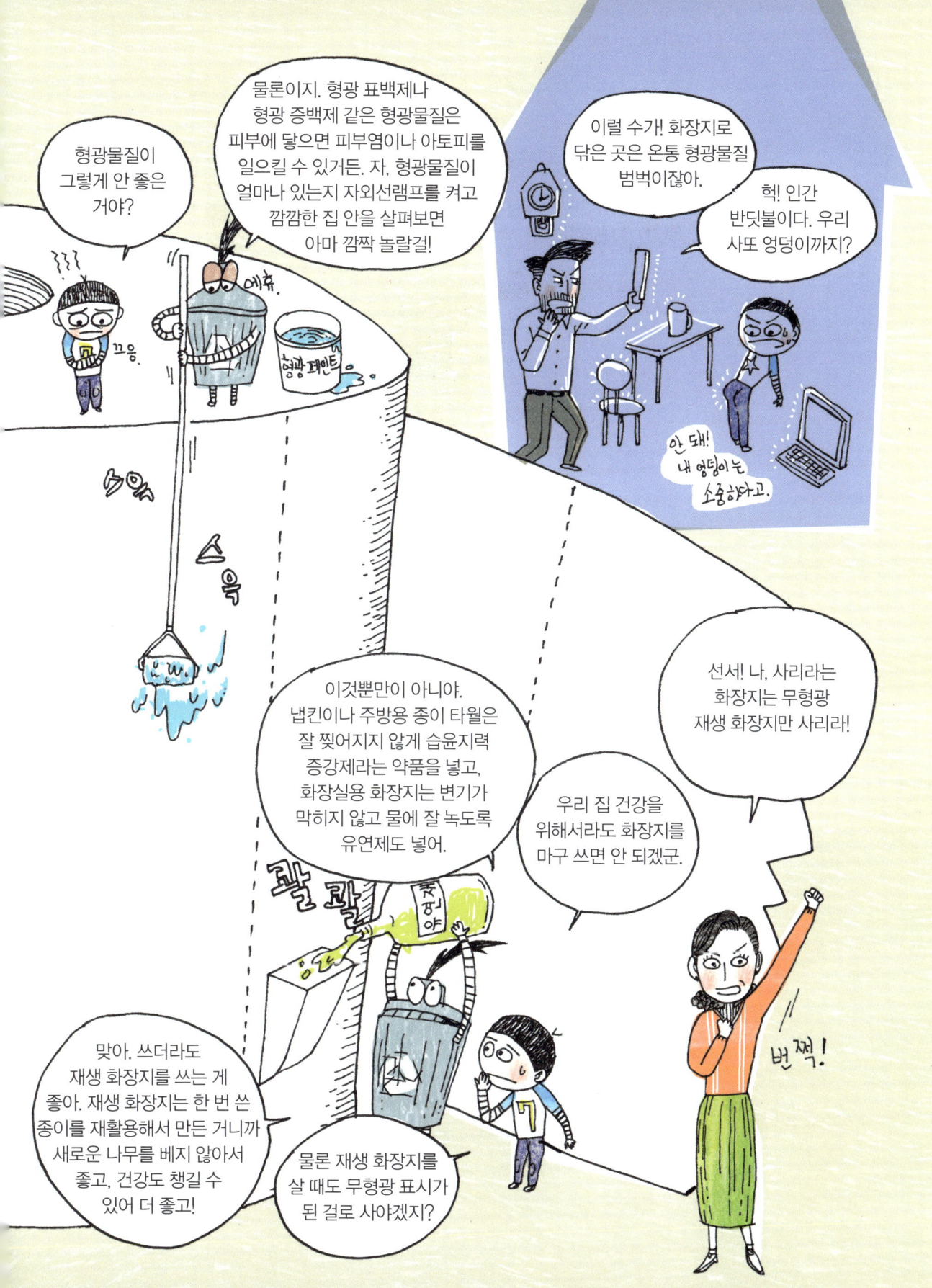

5 종이 한 장 차이

"요즘 우리 사또가 좀 이상해진 것 같지 않아?"
"글쎄. 얘는 당신 닮아서 원래 좀 이상해."
"허허. 당신도 참! 그게 아니라 분명히 뭔가 있어."

사리라 여사는 모르겠다고 했지만, 변두리 씨가 보기에 사또는 분명히 뭔가 이상했다. 쓰레기를 줍다가도 문득, 축구를 하다가도 문득, 밥을 먹다가도 문득 실실 웃는 사또. 아무리 생각해도 뭔가 이상했다.

사또는 당장 머리를 싸매고 손 편지를 쓰기 시작했다. 하지만 무슨 말을 써야 할지 막막하기만 해서 편지를 썼다가 찢었다가, 또 썼다 찢기를 반복했다. 어느새 방 안은 버려진 종이들로 가득했다.

사또는 정성껏 만든 재생 종이에 마음을 듬뿍 담아 손 편지를 쓴 다음, 부리나케 우체통으로 달려갔다.

하루, 이틀, 사흘, 나흘……. 이제나 저제나 보나의 답장이 올까 틈만 나면 우편함을 들여다보고 또 들여다보는 사또였다.

그러나 기다리는 보나의 답장은 소식이 없고, 각종 전단지와 광고 우편물들만 넘쳐 났다.

에잇! 오늘도 쓸데없는 전단지들만 한가득이잖아!

그럴 때는 우편물 겉봉에 '받고 싶지 않습니다!'라고 적어서 여기 반송함에 넣으면 된단다.

아, 안녕하세요.

필요 없는 광고 우편물 처리법

필요 없는 전단지나 우편물들 때문에 골치라고요? 그럴 땐 요렇게 한번 해 봐요. 광고 우편물은 회사 고객 센터에 전화해 정중히 보내지 말라고 말하세요. 우편물 겉봉에 "받고 싶지 않습니다!"를 적어 반송함에 넣어도 좋아요. 또 정기적으로 받는 간단한 우편물은 전자우편으로 바꾸기 신청을 하세요. 그럼 우편물 보낼 때 드는 운송비도 줄이고, 쓰레기도 줄이고, 나무 베는 것도 줄이고! 일석삼조의 효과랍니다.

사또는 감격의 눈물을 흘리며 보나의 편지를 읽고 또 읽었다. 아빠가 그 옆에서 어이없다는 듯 바라보았다.

 4월 4일은 종이 안 쓰는 날

4월은 영어로 에이프릴(April)이에요. 에이프릴의 'A', 4일의 '4'를 합치면 A4 종이가 떠오르죠? 그래서 4월 4일을 '종이 안 쓰는 날(No Paper Day)'로 정했어요. 이날 하루만이라도 종이 사용을 줄여 보자는 캠페인을 벌이고 있으니 꼭 기억하세요!

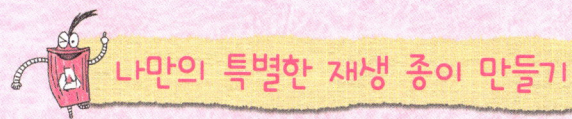

나만의 특별한 재생 종이 만들기

준비물 다 쓴 종이들, 큰 그릇, 믹서나 거품기, 가는 철망, 밀방망이, 따뜻한 물, 식용색소나 천연염료, 말린 꽃잎이나 허브, 반짝이 가루

❶ 다 쓴 종이를 아주 잘게 찢어 따뜻한 물을 붓고 2시간 정도 푹 담가 두어요.

❷ 부들부들해진 종이를 거품기나 믹서로 갈아서 종이죽을 만들어요. 이 종이죽이 바로 종이의 원료인 '펄프'!

❸ 종이죽에 식용색소, 천연염료를 넣거나 말린 꽃잎, 허브, 반짝이 가루 등을 넣으면 훨씬 예뻐요.

❹ 큰 그릇에 담긴 종이죽을 얇고 넓게 깔리도록 철망으로 들어 올려요. 철망을 살랑살랑 흔들며 물기를 빼요.

❺ 미리 펼쳐 놓은 신문지 오른쪽 면 위에 철망을 놓은 뒤, 왼쪽 면을 그 위에 덮어요. 그런 다음 부침개 뒤집듯 싹 뒤집어요.

❻ 신문지가 평평해지고, 물기도 쪽 빠지도록 밀방망이로 여러 번 세게 밀어요.

❼ 신문지가 젖으면 새 신문지로 바꾼 뒤, 그 위에 비닐을 깔고 무거운 책이나 벽돌을 올려서 눌러줘요.

❽ 그렇게 하루 정도를 말리면 나만의 특별한 재생 종이 완성!

6 하루살이가 부럽다고?

　여름방학, 사또네 가족은 엄청난 프로젝트에 도전했다. 바로 자전거로 떠나는 국.토.대.장.정!
　이 엄청난 도전을 위해 몇 달 전부터 차근차근 만반의 준비를 했다고 생각하면 오산이다. 어느 날 우연히 TV에서 환경을 위한 자전거 타기 캠페인 프로그램을 보게 된 사또네 가족. 처음에는 우리 가족부터 자전거 타기에 앞장서자는 말로 시작했다가 일이 점점 커져서 얼떨결에 자전거로 국토대장정을 떠나자는 결론을 내고 말았다. 한마디로 엄청 '무모한' 도전이 시작된 것이다.

준비 없는 무모한 도전은 금세 탈이 나기 마련! 출발할 때만 해도 하늘을 찌를 것 같던 의욕은 하루도 채 지나지 않아 온데간데없고, 발로 페달을 돌리는 건지, 페달이 발을 돌리는 건지 알 수 없는 상태에 이르렀다.

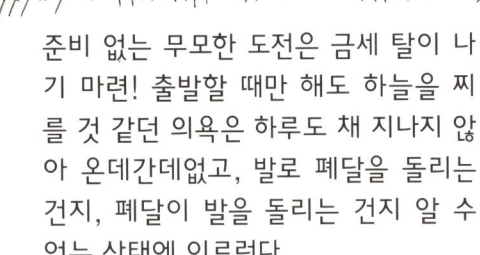

바로 그때였다!
지칠 대로 지친 사또네, 간신히 자전거를 몰며 가는데, 그 옆으로 뭔가 쌩~ 지나갔다. 사또네 가족은 동시에 콧구멍이 벌렁 커지더니, 킁킁거리기 시작했다. 기막히게 맛난 냄새였다.

바로 지나가는 중국집 배달원 오토바이의 철가방에서 풍겨 나오는 짜장면 냄새였다. 사또네 가족은 정신이 번쩍 들었다. 아빠는 코를 벌름거리며, 초인적인 힘을 발휘해 배달원 오토바이를 쫓아가 전화번호를 확인했다.

배를 채운 사또네 가족은 이제야 흡족한 표정을 지었다. 사또는 일회용 빈 그릇을 어떻게 처리해야 하나 주위를 두리번거리다 마침 캠핑장의 쓰레기 수거장을 발견했다. 그곳은 이미 쓰레기들로 넘쳐 났고, 사또는 살짝 망설이다가 아무도 안 볼 때 휙 버리고 돌아왔다.

일회용품들은 한 번 쓰고 버려지지만, 땅속에서는 썩지도 않는 귀신이 되지요. 일회용품들이 썩는 데는, 스티로폼 500년, 비닐봉지 500년, 알루미늄 캔 500년, 양철 캔 100년, 페트병 100년, 칫솔 100년, 나무젓가락 20년, 종이컵 20년이 걸리지요.

나무젓가락이 모래 바람을 몰고 온다?

특히 저는 정말 억울하옵니다. 1년 동안 전 세계 사람들은 1,000억 개가 넘는 나무젓가락을 써요. 중국은 450억 개, 일본은 360억 개, 우리나라는 25억 개. 이 많은 나무젓가락을 만들기 위해 2,500만 그루의 나무가 베어지지요.

더 큰 문제는 이 나무젓가락의 90% 이상이 중국에서 만들어져서 중국의 숲이 빠르게 사라지고 있다는 거지요. 중국의 숲이 사라지면서 땅은 모래언덕으로 변해 강한 바람이 불면 그 모래들이 대륙을 지나 우리나라로 날아들어요. 이게 바로 봄의 불청객, '황사'란 녀석이지요.

헉! 나무젓가락이 황사를 일으킨다고?

저희는 하루살이가 정말 부럽사옵니다.

뭐, 하루살이가 부럽다고?

예. 하루살이는 하루 24시간은 살지만, 저희 같은 일회용품은 딱 한 번 쓰고 버려지는 '한번살이'인걸요.

사또, 저희가 꼭 필요한 일에 쓰이고, 바로 버려지지 않고, 오래오래 재활용될 수 있도록 도와주시옵소서.

사또, 저희는 한번살이가 아니옵니다.

7 고릴라야 미안해

사리라 여사는 주방과 식탁을 오가며 저녁을 차리느라 분주했다. 아까부터 식탁 앞에 앉아 있는 아빠와 사또는 뭔가 고민이 있는 듯 식사에는 관심도 없었다. 식탁에 음식이 하나씩 차려지고, 마지막으로 김이 모락모락 나는 얼큰한 김치찌개 뚝배기가 놓였다.
"자, 둘이 먹다가 둘 다 쓰러지는 사리라표 김치찌개 대령이오."

변두리 씨와 사또는 밤새 잠을 이룰 수 없었다. 다른 건 다 양보해도 최신 휴대전화와 게임기만은 포기할 수 없었다. 최신형이 나왔다는 소식을 들은 날부터 눈앞에 아른거려 밤잠을 설쳤다. 깜빡 잠이 들어도 꿈속에서까지 휴대전화와 게임기가 나타나 잠꼬대를 할 지경이었다.

두리 씨와 사또는 결국 비상금과 저금통을 털어 사리라 여사의 레이더망을 피해 몰래 휴대전화와 게임기를 사기로 결심했다.

"엄마 없지?"

둘은 사리라 여사에게 걸릴까 사방을 두리번거리며 몰래 전자 마트로 갔다.

행인의 전화를 받은 엄마는 부리나케 전자 마트로 달려갔다.

"딱 걸렸어!"

"여보? 당신이 어떻게……."

"엄마? 나, 난 구경만……."

"잔말 말고 따라와!"

두리 씨와 사또는 제대로 구경도 못해 보고 끌려 나왔다.

"엄마가 엄청 화났나 봐. 우리가 좀 너무했나?"
"우리가 모은 돈으로 사는 건데, 그게 잘못이야?"
"맞아. 내가 그 비상금을 얼마나 열심히 모았는데."
"나도 나도."

"내 휴대전화는 성능이 안 좋다고."
"그럼 서비스 센터에 가서 업그레이드받아요. 새 휴대전화처럼 성능이 좋아져요."
"내 게임기는 너무 많이 해서 이제 지겹다고."
"친구들과 바꿔서 놀면 되잖아."
"그, 그런가?"

변두리 씨와 사또는 밀려드는 미안함과 부끄러움에 몸 둘 바를 몰랐다. 그리고 당장 엄마에게 싹싹 빌어야겠다는 생각뿐이었다.

전자 폐기물 법을 만든 11살 소년

사용할 때는 참 편리하고 신기한 휴대전화, 게임기, 컴퓨터! 하지만 함부로 버리면 무시무시한 전자 쓰레기가 될 수 있대. 휴대전화, 게임기, 컴퓨터 등 첨단 기기들 안에는 수은, 납, 카드뮴 등 해로운 화학물질이 들어 있어서 버릴 때는 꼭 분리수거를 해야 해. 전자 쓰레기를 '전자 폐기물'이라고 하는데, 전 세계적으로 매년 5,000만 톤 이상의 전자 폐기물이 버려지고 있대.

전자 폐기물 법이란?

개인용 컴퓨터, 휴대전화, 텔레비전 등의 전자 제품을 버릴 때 나오는 중금속 등의 쓰레기를 전자 폐기물(electronic waste)이라고 해. 세계 전역에서 한 해 동안 나오는 전자 폐기물은 2천만~5천만 톤에 이르고, 이 가운데 상당수가 아프리카, 인도, 중국 등에 버려지고 있어. 전자 쓰레기에는 독성 물질이 남아 있어 사람의 건강에도 안 좋을 뿐더러, 태울 경우 심각한 대기 오염과 토양 오염을 일으키지.
그래서 각국마다 전자 폐기물을 판매한 가게가 다시 수거하고, 재활용하도록 하는 법을 만들고 있고, 점차 수거 비율을 높이도록 하는 노력을 하고 있지.

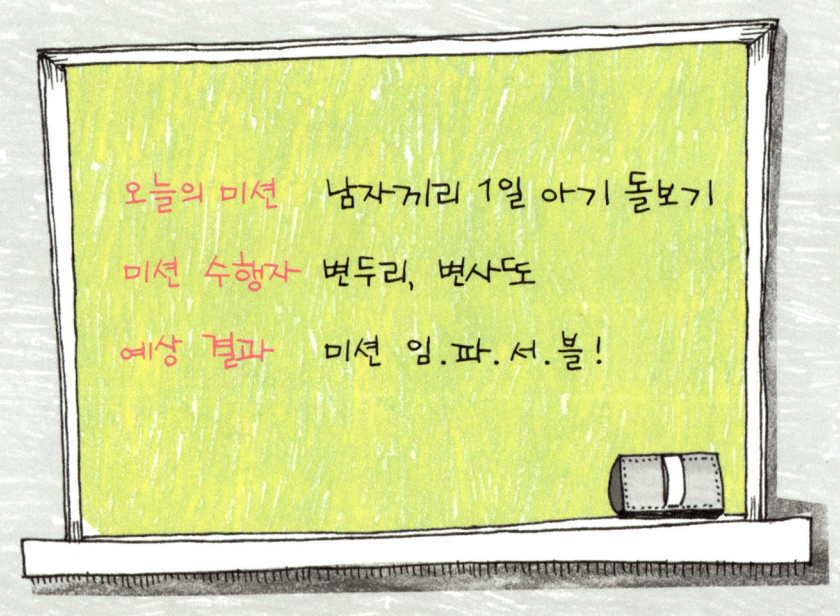

8 세 남자의 기막힌 하루

  이른 아침, 동네 벼룩시장으로 중고 물건을 팔러 간다는 사리라 여사와 옆집 동욱이 엄마는 세 살배기 동욱이와 기저귀 가방만 남긴 채 바람처럼 사라져 버렸다. 변두리 씨와 사또는 졸지에 '1일 엄마'가 되고 말았다.
  이제 집 안에 남겨진 사람은 남자만 셋! 변두리, 변사또, 시끄럽게 울어 대는 아가 동욱이.

아빠, 우리가 잘해 낼 수 있을까?

동욱이 돌보기에 자신만만해진 변두리 씨, 이번에는 배부른 동욱이의 소화 촉진을 위해 놀이를 시작했다. 말 태워 주기, 비행기 놀이, 숨바꼭질 등등.

변두리 씨와 사또는 서서히 지쳐 가기 시작했다.

동욱이의 앙코르가 이어질수록 변 씨 부자의 노래는 코끼리 코처럼 늘어져만 갔다. 그러다 동욱이가 꾸벅꾸벅 졸고 있는 것을 발견한 변 씨 부자는 이때다 싶어 동욱이를 살포시 눕혔다. 그리고 지친 변 씨 부자도 그 옆에 막 누우려던 찰나!
"으, 으아앙!"
"아이코, 망했다!"

이제 좀 쉬어 볼까 했는데 동욱이의 울음보가 터질 줄이야!
말 태워 주기, 어부바하고 자장가 불러 주기, 만화영화 보여 주기까지 온갖 방법을 총동원해 봤지만 동욱이는 막무가내로 울고 또 울었다. 이제는 변두리 씨와 사또가 울고 싶을 지경이었다.

쿵쿵쿵. 그런데 이 냄새의 정체는? 어디선가 고약한 냄새가 스멀스멀 퍼져 나왔다. 아빠와 사또는 콧구멍을 벌름벌름하며 냄새를 따라갔다. 그건 바로 동욱이의 기저귀 찬 엉덩이였다.

"윽, 동욱이 똥 쌌나 봐!"
"뭐?"
똥이란 말에 동욱이는 어느새 울음을 뚝 그쳤다.
"헤헤헤. 또옹? 똥 좋아!"
"끄응, 우리 동욱이는 똥을 참 좋아하는구나."
사또는 이를 악물며 대답했다.
"동욱이 똥 좋아! 똥! 똥!"

아빠와 사또는 간신히 기저귀를 갈고, 똥 기저귀를 둘둘 말아 미스터 통 속으로 휙 던졌다.

으으으~~ 도저히 못 참아!

왜 또?

냄새나는 똥 기저귀를 나한테 주면 어떡해요?

어쩔 수 없잖아. 똥 기저귀는 버리는 수밖에.

코끼리 똥 전기를 아시나요?

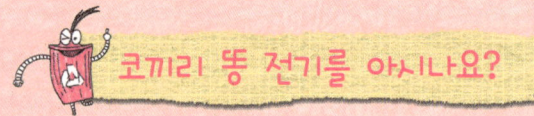

아 참! 내가 영국에서 굴러다닐 때 들은 얘기인데요, 영국 노웨이스트(Knowaste)라는 회사에서 일회용 기저귀 재활용하는 방법을 개발했대요.

에이, 똥 기저귀를 어떻게 재활용해?

사용한 기저귀를 씻고 특수 기술로 분류해서 플라스틱 성분으로는 지붕 타일이나 재활용 쓰레기통, 자전거 헬멧 등을 만들고, 섬유 성분으로는 마분지나 산업용 튜브로 재사용한대요.

똥 기저귀만 다시 보지 말고, 똥도 다시 봐야 할걸요. 기저귀에 묻은 아기 똥은 따로 모아서 거기서 나오는 메탄가스로 에너지를 만들 수 있거든요.

우아! 아기 똥 기저귀의 놀라운 변신인걸!

버린 똥 기저귀도 다시 봐야겠네.

이제 보니 아기 똥이 황금 똥이네.

9 뭉치면 잘살고, 흩어지면 돈 들고

디리링 디링 디리링!

"앗, 보나야! 어쩐 일이야? 인도는 잘 다녀왔니?"

"응. 실은 생각보다 훨씬 힘들었는데, 사또 네가 보내 준 손 편지 덕분에 힘이 났어. 고마워."

사또는 보나의 말에 부끄러워 몸을 배배 꼬았다.

"아이, 뭘."

"사또야, 부탁이 있는데 좀 들어줄래?"

"그럼, 그럼! 무, 무슨 부탁? 말만 해."

"내가 정말 좋아하는 외국인 언니들이 있는데, 그 언니들이 갑자기 오늘 저녁쯤 우리나라에 온다는 거야. 근데 우리 집은 지금 시골에서 할머니 할아버지가 올라오셔서 빈방이 하나도 없어. 그래서 말인데, 혹시 사또 너희 집에 빈방 있으면 하나만 공유할 수 있니?"

"빈방을 공유하다니?"

빈방 있으면 하나만 공유할 수 있니?

사또네 집은 순식간에 비상사태에 돌입했다. 변두리 씨는 사또와 함께 손님 맞이 대청소를, 사리라 여사는 손님 접대용 음식 장만에 박차를 가했다.

'딩동 딩동'

사또네 가족은 현관문을 열며 상냥하게 '하이' 하고 인사를 건넸다.

"나마스떼!"

인도인 자매는 합장을 하며 생소한 인삿말을 건넸다.

"나, 나마스떼?"

"안녕하세요? 사또야, 안녕?"

"흐흐. 안녕!"

후훗! 나만 믿는데.

"이번 방학에 인도 자원봉사 가서 친해지게 된 언니들이에요. 잘 부탁드려요."

"그, 그래."

"보나야, 걱정 마! 내가 있잖아. 음하하하."

"그럼 사또 너만 믿고 간다. 난 내일 아침에 언니들 데리러 올게."

"그래, 내일 만나자!"

외국인 손님들이 인도 사람일 줄이야! 그나마 다행인 것은 인도 자매가 한국말을 조금 한다는 것이었다. 하지만 식사가 문제였다.

"차린 건 별로 없지만, 많이 먹어요. 냠냠!"

사리라 여사는 먹는 시늉을 하며 음식을 권했다.

"고맙습니다!"

"그러나 우리 인도 사람 고기 못 먹어. 고기 안 돼."
"맞다! 인도 사람들 대부분 고기 안 먹고, 채식하지."
"이를 어째? 귀한 손님 온다고 일부러 고기 요리로 준비했는데."
상다리 휘어지게 준비한 음식들은 죄다 기름진 고기 요리뿐, 채소라고는 달랑 김치 하나였다!

그 말 많던 사또네 가족이 식사 내내 말을 잃었다. 사또네 가족은 미안해서 고개도 못 들고 밥을 먹는 둥 마는 둥 하며 손님들 눈치만 살폈다. 다행히 인도 자매는 서툰 젓가락질로 김치를 맛있게 먹었다.

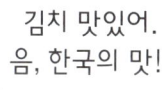

드릴 게 김치뿐이라, 아임 쏘리!

괜찮아. 와, 김치 신기해.

김치 맛있어. 음, 한국의 맛!

식사를 마친 뒤, 인도 자매는 평생 잊지 못할 저녁 식사였다며 몇 번씩 감사의 표시로 합장을 했다. 게다가 몸 둘 바를 몰라 몸을 배배 꼬는 사또네 가족에게 식사에 대한 보답으로 인도의 정통 요가까지 가르쳐 주겠다는 게 아닌가.

말 많고 탈 많은 하루가 그렇게 저물어 갔다. 한방에 모여 잠자리에 든 사또 가족. 달밤에 요가를 한 탓인지 온몸이 쑤셔 쉽사리 잠이 오질 않았다.

다음 날 아침, 인도 자매는 연신 고마웠다며 작별 인사를 했다. 인도로 여행 오면 자기 집에 꼭 놀러 오라는 말도 잊지 않았다. 딱 하룻밤, 빈방을 공유하고 가는 손님인데도 그사이 정이 들었는지 사리라 여사는 극구 방 값을 안 받겠다고 했다. 아빠는 공항까지 차로 태워다 주겠다고 했고, 사또는 자꾸만 눈물이 찔끔찔끔 나왔다. 어젯밤 인터넷으로 공부한 인도 말 한마디도 간신히 건넸다.

작가의 말

쓰레기를 조금 줄이면 지구가 건강해져요

《우리 집 쓰레기통 좀 말려 줘》 작업을 시작한 지 얼마 안 된 어느 날, 보물단지가 물었어요. 보물단지는 초등학교에 다니는 우리 딸 애칭이랍니다.

보물단지 : 엄마, 새로 작업 들어갔어?
나 : (자신만만하게) 그럼, 물론이지!
보물단지 : 이번엔 뭐에 관한 글을 써?
나 : (잘난 척하며) 지구 환경! 그중에서도 '쓰레기'에 대해!
보물단지 : (어이없다는 듯) 뭐? 엄마가?

지금도 똑똑히 기억해요. 그날 보물단지의 표정과 말투를요. 어이없음과 놀라움이 가득한 표정으로 '엄마가?'라며 되물었지요. 그러면서 엄마는 샴푸를 너무 듬뿍 쓴다는 둥, A4 용지를 펑펑 쓴다는 둥, 재활용도 잘 안 한다는 둥, 일회용품도 은근 많이 쓴다는 둥 잔소리를 늘어놓으면서 엄마는 쓰레기를 만들어 내는 '쓰레기 제조 공장' 같다나요?

보물단지가 애물단지처럼 미워지는 순간이었어요.

"뭐? 쓰, 쓰, 쓰레기 제조 공장? 내가 쓰레기를 버리면 얼마나 버린다고 쓰레기 제조 공장이라는 거야?"

순간 흥분해서 입에서 불을 뿜듯 화를 내려고 했으나, 전 아무 말도 못했답니다. 듣고 보니 다 맞는 말이더라고요.

오늘만 따져 봐도 그래요. 아침에 일어나 화장실에서 화장지를 생각 없이 둘둘둘 뜯어 쓰고, 아침 식사는 입맛 없다고 먹다가 반 이상을 남겨 버리고, 샤워하면서 물과 샴푸를 펑펑 쓰고, 커피숍에서 친구들과 만나 일회용 컵에 담긴 커피를 마시며 일

회용 포크로 치즈 케이크를 먹고, 장바구니가 없어 주렁주렁 비닐봉지에 장을 봐 와서 저녁을 준비하고, 아이들 밥 먹이면서 물티슈로 입과 손 열심히 닦아 주고. 이제 모두 잠든 밤, 이 책을 쓰면서 A4 용지로 인쇄해서 보고, 고치고 또 인쇄해서 보다 보니 버린 A4 용지만 벌써 몇 장인지!

'오늘 하루 동안 내가 무심코 만들어 낸 쓰레기가 이렇게 많을 줄이야!'

깨달음과 동시에 양심이 찔려 이 책을 쓰는 내내 마음이 편치 않았답니다.

그러던 어느 날, 나처럼 환경에 '환'자도 모르고, 쓰레기에 '쓰'자도 관심 없는 변사또란 아이를 운명처럼 만나게 되었어요. 처음엔 그냥 엉뚱하고 명랑한 꼬마인 줄만 알았죠. 그런데 글쎄, 고 녀석이 쓰레기에 대해 하나둘 알게 되면서 조금씩 변해 가더라고요.

사또와 친해지면서 저도 조금씩 깨닫게 되었어요. 우리가 쓰레기에 대해 조금만 더 관심을 가져도, 지구는 지금보다 훨씬 더 건강해지고, 행복해질 수 있다는걸요. 그리고 지구를 생각하고 실천하는 건 환경운동가만 해야 할 일이 아니라 우리 모두의 몫이라는 것도 새삼 알게 되었지요. 그래서 우리 집 쓰레기부터 줄여 보려고 노력 중이랍니다. 그러다 보니 요즘은 깐깐한 보물단지에게 가끔 칭찬도 받는 그런 엄마가 되었답니다.

여러분도 변사또를 만나게 되면 자신도 모르는 사이 조금씩 변할지 몰라요. 저처럼요. 청출어람이라고, 어쩌면 여러분이 변사또보다 더 멋진 생각과 실천으로 지구를 더욱 건강하게 만들지도 모르지요. 기대할게요!

태미라

지구를 살리는 어린이 03

우리 집 쓰레기통 좀 말려 줘

초판 1쇄 발행 2013년 8월 27일   **초판 16쇄 발행** 2022년 6월 7일

글 태미라 **그림** 강경수
펴낸이 이승현

편집3 본부장 최순영
교양 학습 팀장 김솔미
편집 윤지현 **디자인** Design lovey

펴낸곳 ㈜위즈덤하우스 **출판등록** 2000년 5월 23일 제13-1071호
주소 서울특별시 마포구 양화로 19 합정오피스빌딩 17층
전화 02) 2179-5600
홈페이지 www.wisdomhouse.co.kr **전자우편** kids@wisdomhouse.co.kr

ⓒ태미라, 2013
ISBN 978-89-6247-388-9 74530
ISBN 978-89-6247-349-0(세트)

* 이 책은 저작권법에 따라 보호받는 저작물이므로 무단전재와 무단복제를 금지하며,
  이 책 내용의 전부 또는 일부를 이용하려면 반드시 저작권자와 ㈜위즈덤하우스의 동의를 받아야 합니다.
* 인쇄·제작 및 유통상의 파본 도서는 구입하신 서점에서 바꿔드립니다.
* 책값은 뒤표지에 있습니다.
* 이 책의 사용 연령은 8~13세입니다.
* 스콜라는 ㈜위즈덤하우스의 아동·청소년 브랜드입니다.